Ringo Effenberger

AF206386

VERSUCHSWEISEN 2

Gedichte

2. Auflage 2017

Satz und Redaktion: Ringo Effenberger

Herstellung und Verlag:
BoD - Books on Demand, Norderstedt
ISBN 978-3-7448-9748-8

INHALTSVERZEICHNIS

Editorial

Nach der ersten Auflage nun der zweite "Versuch" mit alten und neuen Gedichten.

Das Spiel mit den Worten und das verdichten der Gedanken zu den Themen des Lebens sind meine Leidenschaft.

Glaube, Liebe, Philosophie, Lust und Last des Lebens, Tiefes und Banales begegnen sich in den "VersuchsWeisen".

Der Titel ist Programm.

Keine fest gemauerten Gedankenkathedralen, sondern Zelte am Wegrand meines Lebens wollen die Gedichte sein.

Ich lade sie ein, meine Zelte zu besuchen. Seien sie willkommen am Weg. Vielleicht lassen sich ja ihre Erfahrungen ähnlich "verdichten". Ich würde mich freuen, wenn sich ihre Seele vorübergehend bei mir zu Hause fühlt.

Allen, die mich auf meinem
Lebensweg bisher freundlich begleitet haben
sei auch dieses Buch wieder in herzlicher Dankbarkeit gewidmet.

Ringo Effenberger   **im Sommer 2013 + 2017**

VERSUCHS - WEISEN

ALLTAGS - WEISEN

DANK – WEISEN

DENK – WEISEN

GEFÜHLS - WEISEN

GLAUBENS - WEISEN

KINDER – WEISEN

LACH – WEISEN

LEBENS- WEISEN

LIEBES – WEISEN

SCHMERZ - WEISEN

TRAUER - WEISEN

VERSUCHS - WEISEN

ZEIT – WEISEN

ZWEIFELS – WEISEN

…….   – WEISEN

MELODIEN MEINER SEELE

Geburtswehen

Erst war es nur ein Ahnen
ein Wehen wie von weit
Wie eine Brise streifte
die Ahnung meinen Geist
Hab dafür keinen Namen
weiß noch nicht wie es heißt

Ersterbend immer wieder
im täglichen Geschäft
spür ich doch hin und wann den Hauch
verwebt sich stark und linn
verknüpfend um mich kreisend
der Faden zum Gespinn

Schon will die Nacht mir fliehen
längst tobt ein Sturm mir ein
hat Bauch erfasst und Lunge
belegt ist mir die Zunge
es steckt mir im Gebein

Ein Lichtblick erst im Auge
des kreisenden Taifuns
manch Anker nicht mehr greift
und plötzlich -
in mir Stille

Ein Gedanke ist gereift

Zeichen

So wie
ein Punkt
nicht einfach nur
ein Punkt
ist

So wie
ein Strich
nicht einfach nur
ein Strich
ist

Sondern beide
Teil
der Sehnsucht
nach Verstehen
sind

So ist
ein Wort
nicht einfach nur
ein Wort

H
A
U
S

sondern
vielmehr noch
ein Bild
der Seele

gemalt
aus Sehnsucht
nach Verstehen

So lasst uns
lesend
schreibend
malen

Der Hauch
der Leben Dir
geschenkt
sei Hut Dir
in der Zeit

Meine Worte

Meine Worte wollen glühn
wie Tattoos auf deiner Seele.
scharf gestochen hingehaucht
bleibend durch die Haut getaucht.

Meine Worte wollen blühn
als Orchideen in deiner Seele.
Zart und stark, verletzlich schön
ewig duftend und verwehn.

Meine Worte wollen ziehn
gleich Pilgern hin - durch deine Seele
Berge, Schluchten ging ich viel,
bin unterwegs - noch nicht am Ziel.

Meine Worte wollen fliehn
ungeschützt zu deiner Seele.
Müde von der langen Fahrt
aufgefangen und bewahrt.

Morgige Gedanken

morgige Gedanken
so denk ich
sind keine dicken Striche
dann eher schon
ein zartes Netz

Wagst du es
dich ganz sacht
nach vorn
zu tasten

so hoff ich
glaub ich
dass es uns beide trägt

So
überm Abgrund
aufgespannt
lass uns ergründen
was tragen kann
und was verbinden

In luftiger Begegnung nur
kann der Gedanken Glut
kann unsre Hoffnung sich
alltäglich neu
entzünden

Reif

Septemberabend fließt
rotleuchtend ins dämmrige Land.
Versöhnt nun und spielerisch reichen
Sommer und Herbst sich die Hand.

Die kühlende Luft schmeckt nach Ernte
und samtbraunem Champignon.
Durch die Felder streicht flirrend
ein goldgelber Ton.

Das Altsommerweib lächelt
erfahren und verwebend schön -
Erwartung des Herbstes formt freundliche Falten -
bereit nun die Erblühte
zum gehn.

Ich lasse mich streicheln,
ich bleib schweigend stehn,
ergraut im Gebälk, im Herz seelenbunt.
Hinter sonnenverwöhnten Lidern verwehn
rotflammend Sommernachtsträume.
Der Herbst meines Lebens
tut sich freundlich mir kund.

Denken

Ein weiter leerer Raum
begrenzt nur
von meiner Möglichkeit
zuzulassen -
in Gedanken zu fassen

wird gefüllt
vom schillernden Netz
unsichtbarer Möglichkeiten
verwehend sich verdichten
zur Gewissheit

Oder doch nicht?
Ach
Es war nur so ein Gedanke

im weiten leeren Raum

Sprechen

Kommunikationsstiftende Modulation
von Lauten

Zerstörendes Feuer
des Mundes
(und des Herzens?)

Heilende Salbe fürs Herz
Zerfetzende Tretmine

Darum
Gnade meiner Sprache
Tor zur Welt
meines Herzens

Schweigen

Wenn
alles gesagt ist
oder Nichtsagbares
die Luft nimmt
oder einfach nur
jedes Wort zuviel ist

Dann
kommen wir endlich dazu
Füreinander zu schweigen
finden zueinander
im Gleichklang des Atems

und
lebendige Ruhe
breitet sich aus
in uns

Wo ich stehe

neben dir stehen

einfach nur so

neben mir stehen

kommt ab und zu vor

zu dir stehen

ein hoffnungsvolles Bekenntnis

zu mir stehen

zeugt von Selbstbewusstsein

zwischen dir stehen

ein lustprickelnder Gedanke

zwischen mir stehen

klingt irgendwie schizophren

Wie wohnst du?

Mach die Tür auf
zu dir
schau rein
wie du wohnst
oder ob
du schon lange unbehaust bist

Mach die Tür auf
zu dir
und tritt ein
vielleicht warst du ja selbst
schon lange
nicht mehr zu Haus

Mach die Tür auf
zu dir
und sieh nach
was sich eingenistet hat
bei dir

Nimm Platz
bei dir
und-
kündige allen
die ungebeten
hier hausen

damit du selber
Wohnung nimmst
in dir
und bitte -
lass sie offen
die Tür

anlanden

Noch
schwankt der Boden
nach langer Fahrt

Noch
suchen die Augen
im ungekannten Gewimmel
verstehen Ohren
die neuen Töne kaum

Noch
fröstelt die Seele
in Mäntel geknöpft

Doch schon
weisen Leuchtfeuer
auf Orte der Wärme

Schon
schwingt der Takt
der neuen Musik
in mir

Und langsam
fassen die Füße
den Schritt
auf neuem gutem Ufer

Tief in mir

Tief in mir
liegt ein Kind begraben
tief in mir
lass niemand zu ihm geh'n
tief in mir
versteckt sind gute Gaben
tief in mir
da will ich aufersteh'n

Tief in mir
hab ich mein Kind behütet
tief in mir
wuchs es doch still heran
tief in mir
gekränkt das Kind auch wütet
tief in mir
gebar das Kind den Mann

Leben (s) male!

Hab ich den Farbenkasten
meines Lebens ausgepackt
so taucht der Pinsel anfangs
tief in Grau

Im Nebel des Vergessens
gnädig eingehüllt
die Jahre als man mich hier ausgesetzt
Hat nicht gefragt was ich hier wollte
der Vater nicht
und nicht der Mann der später kam

Und doch lebt meine Kindheit
bis heut besonders
in den bunten Klecksen
die, eingestreut ins Grau,
mein junges Leben
einzigartig schimmern lässt

Das Grau es wandelt sich
zu einem starken Rot
Die Fäuste hoch
„Ihr sollt mich kennen lernen!"
Nur Manche hielten das
tatsächlich lange aus

Doch mitten
in des Kampfes Purpur
strahlt es auf und tröstet mich
Ein tiefes Gelb
Ein Licht, ein Funke
der mich neu entzündet

Und plötzlich sind da
Kreuzungen am Weg
Nicht stur nur geradeaus mehr
die Zukunft mir verlier'n
statt dessen Pfade
die ich nie gekannt
erwarten meinen Fuß
in Satt und Grün

Nur manchmal noch werd ich
vom Nebel der Vergangenheit
begleitet
doch immer häufiger
seh ich den Regenbogen
wie gewaschen klar

So lass ich heut
die Pinselstriche
gleiten fast schon sorglos
aufs Papier
Den Strich nicht und die Farbe
muss ich selber wählen

Das Farbenspiel
es ordnet sich erst ganz
wenn auch der letzte Kreis
mein Leben voll umrundet
und erfüllt
und lichtes Weiß
in neuer Zukunft
mich umhüllt

Vater

Unbekanntes Wesen
Ohne dich
wär ich nicht
doch mit dir
war ich nie.

Manchmal noch
ist mir
als sei
die Hälfte meiner Seele
blind

Keine Erinnerung
Keine Gegenwart
Zukunft?

Wer weiß schon
ob wir
uns lieben könnten
Doch sollten
wir uns kennen

Immerhin
Ohne dich
wär ich nicht

Nach dem Einsatz

Leben und Tod
so dicht
so dicht
Schmerzen und Leid
mal Riese
mal Wicht
Zukunft zerbricht

Unsagbar nicht
Unfassbar schon

dunkelster Ton
der Glocke
spricht
von Ende
von Schluss

Und ich
muss
alle Kraft
alle Trauer
jeder Träne
letzten Kuss
wachsen lassen
in mir
reifen und spür'n

Leben und Tod
so dicht
so dicht

Ich lebe
du nicht

Trostlos

Und da
die Straße endlos wurde
kein Ziel mehr
führte dich nach Haus

Und da
dein Morgen sich
in Ewigkeit verlor
werd ich dich
nie mehr spür'n
kein zartes Flüstern
haucht mehr
an mein Ohr

Und wie
soll Trost mich
schützend hüllen
wenn doch
der Lebensmantel
dir zerriss

Und so
sitz ich nur
nackt und frierend fest
im Gestern und im Jetzt
Umhüll mich fest
mit Trauer und
vergrab mich tief
in Schmerz und Wut

Dass eines Menschen Straße
endlos werde
sei niemals gut
Ein neues Morgen
mir zu wünschen
fehlt heut mir noch der Mut.

Dies Jahr

Dies Jahr
sei dir ein blühender Garten
in wüstener Zeit
Gut schwarzfeuchte Erde
um Träume zu sä`n
Eine Bank dort im Schatten
um Freunde zu sehn

Dies Jahr
rieche und dufte
nach reichreifen Tagen
Auf taufeuchten Wiesen
sei Tanz
Und wenn es vollendet sein wird
dies Jahr
sei es rund und voll
und ganz und gar ganz

Dies Jahr
mög dich Segen umfangen
und einige Disteln am Rand
zeigen dir stachlige Schönheit
Was kommen wird
lasse dich wachsen
fall nie tiefer
als in Gottes Hand

Neujahr

Die Melancholie
des alten Jahres
ertrinkt
in ohrenbetäubender
Mitternacht
Aschgrau
steigt Phönix
aus erloschenen Feuern

Nach der Schlacht
ist
vor der Schlacht
und
aus sich verziehenden Schwaden
kehrt unbeirrt
Beppo Straßenfeger
das neue Jahr hervor.

Und will noch Altes
unsre Herzen quälen
schon heißt es wieder
Tage zählen
Termine reihn sich
Stück zu Stück
zählt die Uhr vorwärts
oder zurück?

Hoch das Jahr

Nun lasst die Korken knallen
Es sei ein neuer Jahrgang auf
Schon knospt mir sein Bouquet
lässt meine Nasenflügel beben
die Seelenschleimhaut rauf

Und dann den Krug erneut gehoben
überschäumend voll und schön
gefüllt mit Lebenszeit
will gleich der erste Schluck
mir in den Kopf und in mein Herze geh'n

Und wieder rinne Tag um Tag und
jeder Stunde Schluck in mich hinab,
so dass mein Lebensdurst gestillt sei
nicht so bald
erst wenn ich ganz erfüllt bin
setz ich ab

Der Trunk des neuen Jahres
mag lieber bitter manches Mal mich schütteln
statt klebrig süß mich lähmen
und pricklend auch und reich gewürzt mich stärken
um an der Tür Gewöhnung kraftvoll neu zu rütteln

Und stell ich dann ein letztes Mal
den Krug des Lebens vor mir ab
hab ich das Füllhorn dann geleert
im allerletzten ewgen Schluck
so schreibt nur:
Dieser hier hat voll sein Leben ausgekostet
Auf mein hölzern und vergänglich Grab

Mittsommerblues

Meine Seele hockt
erschöpft
auf der Bettkante
des Alltags

Mein kreativer Geist
malt nach Schablonen
und schaut
dem Kontoaus Zug nach

Voll Bewunderung
beobachte ich spielende
Kinder vor m Fenster
ganz ohne morgen und
später
nur im Jetzt

Der Mittsommerblues
hält mich ganz umfangen
und tanzt mit mir
unvollendetes Requiem

Soviel ICH
in den Versen zuvor
und DU?
bist gerade mal
ausgeblendet

Verzeih

Für das UNS
und das WIR
braucht es MICH

Doch

Meine Seele hockt
erschöpft
auf der Bettkante
des Alltags

atmet
tieeeeef durch
und macht mal
Halt
bei mir

durch und durch

Ich hab meinen Panzer
abgelegt
bei dir
bin aus meiner Rüstung
gekrochen

Jetzt trifft jeder Nadelstich
mich bis ins Herz
wie ein aufgepflanztes
Bajonett

Auch meine Spitzen
scheinen tödlich zu sein
für dich
noch bevor ich selbst
sie entdecke

Nichts perlt ab
Alles trifft

Ich brauch meinen Panzer
zu oft noch
Doch
nicht bei dir
Bitte!

Lustgeschmetter

Lass die Schmetterlinge fliegen
ohne zu denken
wohin und warum

Lass die Schmetterlinge fliegen
im bunten Wirbel
des Irgendwo

auf hunderttausend Wolken
wenn wir uns
bei dir begegnen

Im Rausch des Tanzes
finden wir uns
da
wo wir uns noch niemals suchten

und schweißüberströmt
fallen die bunten Schmetterlinge
taumelnd vor Glück
zu Boden

Bin ich auch trunken
so spüre ich doch
wie ich explodiere
im Schoße der Lust

und alle Schmetterlinge
stürzen davon

Wenn ich dich treffe

Wo ich dich getroffen habe
da blieb ein nassglänzender Punkt
von meinem Kuss

Wo ich dich getroffen habe
da warst du oft auch verletzt
von meinen Kanten

Doch wo ich dich am liebsten treffe
das flüstere ich dir nur ins Ohr
Wenn sich mein Mund
und dein Ohr begegnen

Da
wo sie sich am liebsten treffen

Und wenn

Und wenn
wir uns nie begegnet wären?
Vielleicht wäre vieles leichter

Und wenn
wir uns nie geküsst hätten?
Ganz sicher hätte ich viel genossen im Leben

Und wenn
 wir nie gezeugt
und nie gestritten
und nie aneinander gelitten hätten?
Das Leben hätte zweifellos trotzdem viel zu bieten

Doch
es wäre eben nicht mein
nicht unser Leben

Ich liebe dich

Zeit mit Dir

(für Grit)

Was sind schon zehn Jahre?
Gemessen an der Weltgeschichte
fast nichts
Gemessen an meinem Leben
ein Drittel
Gemessen am Dasein einer Eintagsfliege
die Unendlichkeit

Doch wie lässt sich messen
was zehn Jahre sind mit dir?
In gemeinsamen Urlauben?
In Streits?
In durchliebten Nächten?

Zeit mag messbar sein
Meine Lebenszeit mit dir
ist unermesslich
Und macht mich unermesslich
reich

Entdeckungen

Die duftende Mitte
deines Universums
schmilzt in meiner Hand
Sanft sammelt die Zunge
aus quellender Tiefe
süßesten Tau

Kaum haben die Augen
zwischen den Lenden
den Hügel der Lust erklommen
zart behaart
eröffnet sich dem liebenden Blick
die weite geschmeidige Ebene
um den Nabel der Welt

Gleiten die Kosungen höher
erreichen die Lippen
liebliche Hügel von Samt
bekrönt mit purpurnen Perlen
zitternd vor Glück
erbebend im rasenden Schlag
des Lebens

Gehauchter Atem
umspielt
das fliehende Ohr
weltvergessen geschlossene Lider
Nur die pulsierenden Linien
drängender Lippen
erwarten sehnend
Begegnung

Lustmahl

Vorspeise:
    Zungensalat
    auf Liebesgeflüster
    mit einem Hauch
    ins Ohr

Dazu:
    belebend prickelndes
    tiefgründiges Lächeln
    der Augen
    als Aperetif

Zum Hauptgang:
    erregender Appetit
    roh erhitztes
    süß gewölbtes
    Fleisch
    im eigenen Saft

    umhüllter Spargel
    bei G legt
    gebäumter Schinken
    in zuckender Hand

    pur heißer Genuss
    geschlossener
    Augen

Zur Abrundung:
    drei Tropfen Schweiß
    an Liebessaft
    geschmolzen
    im Lippenkelch

Bon appetít

Meine Schöne

spielerisch duftend
dein Haar
spinnt mich ein

weich meinen Lippen
dein Nacken

deine Rundungen
fest in meiner Hand
ruhend lebendig

vier Augen
in eins verschlungen
im Dunkel

die Lippen
reizvoll verstörend
finden genau
wundesten lustvollen
Punkt

Vieltausendmal schon
auch heute
erregend neu
ich
in deinen Schoß versenkt

wie neu geboren
aus Lust
was dich liebt
was dich will

danach & davor

Den Geruch
feuchter Lust
auf der Zunge

geküsster Atem
durchströmt
meine Lunge

erregtes Tosen
bebt
in den Knien

Ich lass dich
Liebste
nur ungern ziehn

Erwachen

Wieder reckt sich
ein Tag empor
Letzte Träume
halten dich leise

Erwachender Atem
streichelt mein Ohr
Komm mit
sagt mein Kuss
auf des Tages Reise

Morgen Grauen

Wieder allein erwacht

Leben ohne dich

verbracht

traurig hüllt die Seele sich

in dunkelstes Gewand

will mit dir fliegen

in off'nes Land

Kann nicht mehr denken

find keine Ruh

Anfang und Ziel

allen Sehnens

DU

Letzte Nacht

Die Dunkelheit
legt
sich um mich

Ein müder Schleier
hüllt
mich ein

Alle Gedanken
suchen
nur dich

Mein Sehnen
bleibt
wieder allein

Kreise

Du stirbst jeden Augenblick
in meiner Brust
jeden Augenblick
lass ich dich aufersteh'n
Liebste es muss ein Ende haben
Liebste ich kann nicht von dir geh'n

Fremd wohnt mein Ich
im Heute ein
will doch nur
im Gestern sein
Fühl mich tot
und fühl mich leer
nach morgen zu sehen
ist so schwer

Bin eingesponnen
in meinem Kokon
dreh mich um mich
dreh mich um dich
Der Schmetterling
hat sich die Flügel verbrannt
und eine Raupe hängt
mit dem Rücken zur Wand.

Gedicht von uns

In meiner Seele
sitzt ein Tier
das will zu dir

Wenn ich mich wehr
mich von dir kehr
dann beißt es zu

Schlägt seine Krallen
ins Gedärm
im Kopf nur noch
Geschrei und Lärm

Wie find ich Ruh?

Mein Weg plötzlich
im Nichts ertrinkt
von Gestern her
ein Lied erklingt

Könnt ich doch nur
die Verse noch spür'n
Könnt es mich doch
heut zu dir führ'n

In meiner Seele
sitzt ein Tier
und frisst
bis das von unsrer Liebe
nichts mehr übrig ist.

Innenansicht - Memento

Wurzellos
Heimatlos
Wo ist - zu Hause?
Die Emigration ist in mir
Ich gehe vor mir selbst
fremd

Wurzellos
Was Wurzel hätte werden wollen
gekappt - immer wieder
unfähig, tief zu greifen –
und zu wurzeln

Ich - was ist das?
Was ist wiederzufinden
wo nie etwas war?
Ich suche an falschen Stellen
Treibsand - aber kein Halt
Ich bin Treibsand

Bin ich?

ausgewandert

Ich kann nicht mehr finden
wo ich bin
mit meinem Gefühl
zu dir

Zweibeinig im Leben
und doch
schon lange
auf und davon

Wenn du fragst
Liebst du mich noch?
Sag ich – ja
aber was heißt das noch
wo ich mich schon lange
verloren habe

Zwei Welten
in meiner Seele
nur ich
nicht dabei

Und jedem Ende wohnt ein Schmerzen inne

Grau geschwingte Nächte
reiten
ins getünchte Morgen
Tage spulen
sonnenbleich
ihren Lauf mir ab

Warten auf Veränderung
birgt Drohung nur
statt Hoffen
Wohin ich will
kann ich nicht sein
und lieg ich still
horch in mich rein
spür ich die Wunde offen

Fahles Heute lässt
kaum Licht in Dunkelheit
die Liebe ist zerbrochen
nur Scherbeneinsamkeit

Doch während ich noch ringe
ersauf in Selbstmitleid
pult sich doch
aus der Asche
tastend
neue Zeit

meine Frau

Wenn ich
wieder mal
nur mich selber brauche
bleibst du da

Wenn bittere Schwere
mich hart sein lässt
umfließt mich
deine Nähe

Wenn ich
unter vielen Schalen
versteckt bin
kannst du mich noch erahnen

Hälst mich sogar aus
wo ich
dir fremd bleiben will
unter Tränen bisweilen

Es ist schon ein Wunder
dich
im Labyrinth meines Lebens
immer wieder neu
an meiner Seite zu entdecken

meine Frau

Dünnes Eis

Tastend und gleitend
das Ufer
mit Blicken festhaltend
schier endlose Fläche
vor mir

Bin so oft schon
eingebrochen
nur mit Mühe
das Land dann erreicht

Doch mehr noch
als das, was ich weiß
will ich tasten nach Dir
und tanzen
mit Dir
auf dünnem doch tragendem
Eis

Zeit für ein Liebesgedicht

Ich liebe deine Falten
die alten
die ich seit Jahrzehnten
schon küsse und auch
die neuen
die sich um
deine strahlenden Augen
verstreuen
O ja – deine Falten

Ich liebe sogar
deine Art, unsre Tür
abzuschleifen
auch wenn manchmal die
Worte
die ich dafür finde
gelinde
gesagt
was and`res verkünden

Ich liebe am Morgen
dein Erwachen
dein Strecken,
dein Gähnen
„Nur noch fünf Minuten liegen"
in die Kissen zu kuscheln
und dich bei mir
anzuschmiegen

Und für das
was ich noch nicht
so vollkommen
an dir begreifen kann
hab ich ja Zeit
den Rest unsrer Tage
mich im lieben
zu üben

Ich liebe es, wie du mich
anschaust
wenn du willst
dass ich seh,
was dir graut
und dich anlehnst
hoffend, dass es
mich nicht umhaut.

Ave Maria

Friede sei mit dir.

Gruß sei dir geliebte Frau.
Die Gnade hält dich ganz umfangen.
Gegrüßt sei mir du reiner Quell,
du Perle tief im Meer der Liebe,
Segenszeichen vieler Frauen
Dein Kind, die Rettung, geboren für uns.
Geliebte, ganz und gar Geliebte,
sei mit Gott, du Mutter dieser Welt.
Ave Maria

Friede sei mit dir.

Gott sei mit dir, geliebte Frau.
Die Gottesferne füll mit Gnade,
ein Tropfen rein und klar.
Du Perle mitten im Meer der Liebe,
heller Stern, der uns ganz sicher führet,
dein Kind, die Rettung, geboren für uns.
Geliebte, ganz und gar Geliebte.
Jetzt und morgen und in Ewigkeit.
Ave Maria

*(Versuch einer „Herüber – Tragung" des lateinischen Textes
zur Melodie des „Ave Maria" von Franz Schubert)*

Ganz bei mir

(für meine Schwester)

Und ich spüre deine Hände
auf meinem Kopf.
Und was immer du jetzt sagst
es ist mir Schalom.

Und wir werden uns verletzen.
Und wir werden uns verlieren.
Doch jeder Augenblick ist es wert,
ihn zu erleben.

Und wir werden uns finden -
immer wieder.
Und wir schlagen Wurzeln aneinander.
Schwester.

Und was sonst noch!?
Es ist gut.

Seelenbäume

Im Gewirr

der Zeige

auf Spurensuche

Vernarbte Herzen

im Stamm

Wurzeln

ergründen

den Halt

Blättern gleich

verweh'n

alte Träume

sprosst

neues Grün

Ich lass

die Seele

Baum eln

wieder und wider

(1991 vor dem ersten Golfkrieg)

Wenn ich Sie schon höre -
wie nötig es wär
jetzt zu Kriegen;
dann möcht` ich zum Terroristen werden
und kaputt machen
was mich kaputt macht.
Und dann -
Ja was dann?
Dann wäre die Saat der Gewalt
aufgegangen -
auch in mir.

Ein Gedanke breitet sich aus;
er lässt mich nicht mehr los:
Wo liegt die Zukunft des Kindes -
im Bauch meiner Frau?
Und dann
würde ich ihn am liebsten
zurücknehmen -
den Augenblick
der Zeugung meiner Hoffnung.
Und dann -
Ja was dann?
Dann wäre die Saat der Resignation
aufgegangen-
auch in mir.

Die Einen höre ich labern
"Alles halb so schlimm!",
die Anderen
"Alles zu spät!"
Doch mein Kind schreit uns an:
"Ich will leben !"
Und so stimme ich ein
in den Schrei aller Wortlosen
Und dann? -
Setze ich gegen die Ohnmacht -
meine Liebe,
meinen Glauben,
meine Hoffnung,
und das wichtigste Wort dabei -

Trotzdem!

Nein,
ich bin nicht blind und taub
für die Realität,
habe Augen und Ohren weit offen.
Doch der Schrei der Geburt heißt -
Leben.
Ja, für mein Kind
und alle die werden
will ich, dass dies so bleibt.
Und dann kann ich nicht anders als "Trotzdem" -
manchmal nur flüstern,
manchmal schrei'n.

atemberaubend

So winzig –riesengroß
nimmst Platz in meiner Seele du
wohnst lange schon darin
füllst aus mein ganzes Herz
kaum dass du dich gekämpft
aus Mutters Schoß

Lass meine Mauern beben
die Berge meiner Sorgen wanken
schrei sie hinaus
die Lust den Schmerz
komm auf die große Reise
Leben

Und immer
halte ich dich fest
und immer
lasse ich dich geh'n
lass gemeinsam uns
nach Morgen sehn

Einen Augenblick ewig

(zur Geburt von Till)

All die großen Worte
sind verstummt
Du schläfst auf meiner Brust
und dein grad erschaff'ner
schneller Atem
nimmt mir fast die Luft
Dein kleines starkes Herz
rast gegen meines an

Ich möchte schrei'n vor Glück
und liege da und wage
ein Flüstern kaum
Nur jetzt die Zeit nicht wecken
die uns voneinander treibt
Du schläfst auf meiner Brust
und ich will
das dieses Wunder bleibt

Geburtsanzeige

Was heißt hier:
EINEN Engel für dich!
Hunderte, ja Heerscharen
himmlischer Gestalten
sollen dich
leiten und führen
und schützen und halten.

Möge Gott voller Liebe
seine behutsamen Boten
ganz sanft um dich scharen
um das Band deines Lebens
ganz sicher zu knoten.

Du wirst es erleben,
meist sorgsam bedeckt
halten sie ihre Flügel
versteckt
Doch öffnet dein Herz
seine Augen für sie
nennst du sie - Aha:
Mama und Papa.

Lebensreich

(Abschied vom Kindergarten)

Haus für Kinder
Kinderhaus
schaut viel buntes Leben raus

Zart - zerbrechlich, stark und stolz,
Gänseblümchen - Schwert aus Holz,
oft vereint in einer Brust.
Hier mitzuleben ist 'ne Lust.

Haus für Kinder
Kindertraum
gibt den Kinderträumen Raum

Lässt es toben, lachen, weben,
lässt es singen - Kind sein eben,
Phantasien mit Leben füllen -
gewaltigste und auch die stillen

Lebensreich für viele Stunden,
wurzelst tief in unsern Seelen
Haus für Kinder -
Wirst uns fehlen.

Zur Einschulung

(für mein Patenkind)

Alles das, was in dir schlummert
will entfesselt sein.
darum tauche voller Neugier
in die Schulzeit ein.

Steckst voll Energie und Mut
voll Kreativität und Glück.
Verschenk es allen um dich rum
so kommt es hundertfach zurück.

Wo dein Lächeln uns verzaubert
da ist das Leben schön
und wenn der Mut dich mal verlässt
dann woll'n wir zu dir steh'n.

Eine tolle neue Zeit
hat heut für dich begonnen
und behälst du Spaß dabei
hast du sie schon gewonnen.

Schlafendes Kind

(für Willi 1998)

Schlafendes Kind
in anderen Welten
dein Atem lädt meine Augen ein
mitzugehn auf die Reise

Einen Kuss
wischt du dir von der Wange
Wer weiß
vielleicht hat ein Ast dich gestreift
auf deiner Abenteuertour
hinter geschlossenen Augen

Schlafendes Kind
so egal ist dir im Moment
meine Liebe
und doch
leben wir beide davon

Zeitenwechsel

(für Willi 2011)

Schon lange nicht mehr
wache ich behutsam
über deinem Traum
Seit langem schon
bestimmst du selber
Wege Ziel und Raum

Nur manchmal noch
da greifst du
Hilfe suchend meine Hand
wenn's glatt ist oder holpert
im Erwachsnenland

Für immer hoffe ich
dass dieses bleibt mit dir
Bin so glücklich über Pfade
die wir gemeinsam sehn
wenn Worte Schweigen und Ideen
noch mal auf die gleiche Reise geh'n

Und endlich lass mich hoffen
im Scheitern und im Reifen
in manchem Ringen mög besteh'n
dass Sohn und Vater offen
dein Dickkopf und mein Grauer
auf Augenhöh sich
immer wieder sehn

Erste Töne

(für Till 2011)

Sieh! Da steht der schwarze Kasten
und ihr seht euch an.
Oh! Soviel, so viele Tasten -
und schon sitzt du dran.

Kling Kling Klong
Kling Klong Kling
zaghaft und in Dur
suchen deine kleinen Finger
auf der Tastatur.

Zweimal weiß und einmal schwarz
glänzt das Elfenbein
und du kleine Krachmachelfe
langst jetzt kräftig rein.

Ach! Da ächzt das Ohr des Lehrers.
Doch du find'st es toll!
Sieh mal hier - es geht auch leiser
und so klingt`s in moll.

C - D - E - F
C - H - A - G

Hinauf, hinunter laufen sie.
Manchmal stockt der Finger -
sucht erneut.
Schon klingt die erste Melodie.

Sky

(mein „Huckepack"-Enkel)

Du bist in mein Leben gehüpft
kichernd und hast
unversehens mich zum Opa gelacht
und du heißt wie der endlose Himmel
Augen leuchtend wie Sterne
in tiefblauer Nacht

Haarschopf und Herz wie ein echter Indianer
so voller Lebensmut
überquellend neugieriger Zuversicht
stürmst du ungefragt in die Herzen der Deinen
schnipst bloss mit den Fingern und -
es werde Licht

Ahnst kaum was von den Sorgen ums Morgen
deiner Mutter und meines Sohns
den du schon lange Papa heißt
juchzend, hüpfend, weinend schon lachend
das ist das Leben -
das ist, was du weißt

Kleiner Himmelsstürmer, tapfer furchtsamer Held
hast mich alten Grauschopf
spielend gefangen
dafür braucht's keine Ketten
nur ein Kuss auf die Wangen
will nicht freigekauft sein -
für kein Geld der Welt

loslassen

Wie schwer es ist
die Hände zu öffnen
und leer
dem Morgen
entgegenzustrecken

Wie schwer es ist
ein morgen zu denken
wenn Heute
mich zu verschlingen
droht

Wie schwer es ist
die Steppe zu sehen
wenn mir
der letzte Grashalm
entgleitet

Kann ich hoffen
nach dem loslassen
nicht ins Bodenlose
zu fallen

sondern
die Hand gereicht zu bekommen
vom Morgen
das mir die Weite
der Steppe zeigt

Es ist wieder Herbst

Die Morgen kommen
Abende gehen
und ich
hab Angst
im Wind der Zeit
zu verwehn

Auch Opa
schaut nur noch
aus Bilderrahmen –
zu Grabe
musste er gehn

Meistens
begreifen wir erst
zu spät
Alle Zeit – nur gelieh'n

Zeit - lebens

Die Zeit

ist nur ein blasser Greis

Du

das Blut in ihren Adern

Schleicht sie dahin

stockt ihr das Herz

Hast du Grund zu hadern

Doch wenn das Herz

dir brennt und stößt

das Blut sich wild im Kreise

erwacht die Zeit

blüht auf

und zeigt

dir wahre Lebensreise.

Lebe langsam

Leb vom Gestern
nicht nur - aber auch
Leb für morgen
nicht nur - aber auch
Leb im Heute
nicht nur - aber unbedingt

Lebe langsam
und nimm ihn wahr
den Sturzflug des Augenblicks
der verbindet
was war
was ist
was wird

gräulich

Jedesmal
findet die Schere
mehr graue Haare
bei mir

Immer öfter
siezen mich Gleichaltrige
die nicht mal
halb so alt sind
wie ich

Manchmal
stellt mein Sohn
Fragen
die ich
schon lange
vergaß

Wenn
ich nicht aufpasse
bin ich
unversehens
dreiunddreißig

(inzwischen Einundfünfzig)

Einladung

Als ich geboren wurde
nannte man die Zeit mit mir
zuallererst in Stunden
in Tagen dann und später
wurden Monate daraus.
Schon ging ich ausgewachsen
aus dem Haus.

Kehr'n die Gedanken nun zurück
so sind sechshundert Monate verflogen.
Aus meiner Liebsten sind
zwei Jünglinge erwachsen
Durch manche Tiefen, über Höh'n bin ich gezogen,
weit spannen sich inzwischen
meine Lebensachsen.

So viele Menschen strömten
durch mein Sein
Und Euch, die ihr noch da seid
lad ich ein!
Zu feiern die besond're Jahresgrenze,
denn bald schon
zähl ich 50 Lenze.

Erster Frost

Erster Frost
küsst das Land

Atem wird
wirbelnd lebendig
als hauchten wir
fröstelnd
Stück um Stück
unseren Odem aus.

Doch das ist
zum Glück
nur die sichtbare Seite
des Geheimnisses
Leben

im Gebet

(in Taizé)

Die Tiefe in mir
spüren
ist Gebet

Ich bin da
wo ich sein will
ist Gebet

Ich bin da
weil Gott da ist
ist Gebet

Eins sein mit allen
und allein mit dir
ist Gebet

Gestern und Morgen
im Heute versammeln
ist Gebet

Gesammelte Stille
in den ausgestreuten Lauten
des Tages
ist Gebet

Was kommen wird
erwartet mich freundlich
im Gebet.

Gottes Gesichter

Sanft flüsternder Atem
                    Unberechneter Sturm
Starker Arm in den Nöten
                    geflohener Schatten in mir

Leuchtend strahlende Augen
                    Todesmatt schon und fremd
Fingerzeig in die Zukunft
                    Düsterschwer drückt das Kreuz

Jenseits der Grenze ein Morgen
                    Diesseits kein Heute im Blick
Diesseits laut jubelndes Leben
                    Jenseits in Ewigkeit fern

Vereint aus dem Vielen das Eine
                    Alle Stücke gebrochen aus „Ich bin"
Jeder Spiegel ein Hinweis des Höchsten
                    Alle Bilder in Blindheit gemalt

Nichts zu wissen von ihm oder ihr
                    Malt Sprache vertrauende Lieder
Ist Glaube an Zeichen gebunden

                Gott
             - Immer anders –
             haut sie entzwei

zu gemessen

                                        Wenn ich eine Uhr wäre
                                    ginge ich ständig
                        falsch

                Warum?

Mal schlägt mir zehn Mal
pro Minute die Stunde
mal schleicht sich in Tagen
Sekunde zu Sekunde

Auch will ich nicht
meine Zeit
von der Frequenz
des Atoms
zerschneiden lassen
in verlorene Stücke

Der mich formt
und sagt: Lebe!
Gibt mir Zeit
sie zu füllen
und nicht
sie gleichmäßig
zu zerhacken

        Es scheint mir
            ein Unterschied
                zu wissen:
                    Meine Uhr läuft ab
                        oder zu hoffen:
                            Meine Zeit er - füllt sich

Nachfolge

Nach wem
folgt wer
folgenschwer
Mit Erfolg?

Fürchte dich nicht
ich folge dir
und gehe voraus
dem Verfolgten
als Licht

Die Folgerung?
Die vor mir
nachfolgten
die Vor-Gänger
mithin
weisen mir
Wege

auf dein Wort hin
neue Spuren treten
in die Untiefen
des Heute

Wärme

Dass die Sonne

mir auch

die Seele wärmt

bleibt Behauptung

Dass die Wärme

meiner Seele

deine Angst schmilzt

wird Erfahrung

die uns aufleben lässt

Dreins

Eins.

In.

Drei.

Gott?

Gott!

Gott …

Irgendweih

Es fügte sich
von Zeit zu Zeit
dass Weihnachten wurde
im Lande

Und in den Herzen
der Menschen
war Winter

Irgendwie
hatte ich mir
das Ganze
umgekehrt vorgestellt

Minutengedicht

Ich ging im Walde so vor mich hin
die Weihnacht zu suchen, das war mein Sinn.

Da kam das Christkind angelaufen
und warf mein Träumen übern Haufen.

Da stand ich armer Dichter nun
und schaute mich im Walde um:

Lauter Tannen rings umher,
ein Blümelein am Wege frör,

voll Poesie ein Äxtlein blitzt
und hat ´nen Weihnachtsbaum stiebitzt

Ich ging im Walde so vor mich hin
jetzt stand `ne Tanne wen'ger drin

(Die Aufgabe war: „Schreibt bitte eure Gedanken zu Weihnachten auf.
Ihr habt fünf Minuten Zeit.")

Weißheit

Frost knistert unter den Stiefeln
Graziles fraktales Kristall
von Schnee
umwebt erstarrt
braun verbliebenes Blatt
Die Weite verschwimmt
wie in blauen Nebeln
klar luftiges Kalt
kriecht um mich

Als trügen sie feinste Spitze
schmücken sich Bäume
von fern
Der Nachtwind hat sie gekleidet
ins Brautkleid des Winters
gehüllt
Erstarrt in ihrer Gewandung
steh'n sie da
grazil stolzerfüllt

Frühlingsblühen
traut sich kaum zu denken
Blassfahl entschlafen
liegt alles Land
Doch will ich ergreifend
festhalten den Tod
schmilzt bald
Schlafes Bruder
in warmer lebendiger Hand

große Worte

(Radiohören im Mai 2002)

Es ist die Zeit der großen Worte
ein graumelierter Kanzler
will gegen Bayern Meister sein
Die Reden sind von gleicher Sorte
und purzelnde Worte gründen
den Phrasendreschverein

Wann kommt die Zeit der großen Taten
und wären sie auch klein
die Zukunft soll noch warten
und bricht doch schon herein

Wir spielen Krieg und wissen
es alles ganz genau
was soll ich weiter schreiben
…
ich mach heut lieber blau.

Fragen

Das Leben
so heißt es
hätt' einen Sinn
ihn zu ergründen
auf dem Wege
ich bin

Bin ich
oder scheint's nur so
ist eine
vieler Fragen
doch warum sollte
Ich-Idee
graue Haare tragen

Selbst ein hohler Kopf
ist nicht
aus sich selbst
Widerspruch
der Fülle

und totes
kreischendes Geschrei
widerlegt nicht
lebendige Stille

Das Ich
ein Werden
kaum ein Sein
vielleicht
kann ich ja irgendwann
meine Fragen
versteh'n

Ach ihr

Ach ihr
seid so schlau
wisst genau
was gut ist
und was böse
man sich benimmt
dass alles stimmt

Da ist soviel Getöse

Nur ich
reib mich wund
Stund um Stund
an meterhohen Fragen

Will ich zuviel?
Ist's ein Spiel?
Bin ich der Verlierer?

Will sie wagen
meine Fragen
meterhohe Gischt
ins Getöse zischt

Unkontrolliert

Durch verlieren
der Selbstkontrolle
die Kontrolle
über sich gewinnen

Grenzpfähle ausreißen
um die Weite des Landes
zu schauen

Sitzungsgedanken

Es redet.

·

·

·

Was redet?
Ich weiß nicht!

Dann hör zu!
Was hörst du?

·

·

·

Es redet.

halten - lassen

Gedanken

tropfen

wie Silber

aus grauer

Erinnerung

Der Krug
meiner Seele
gefüllt
bis an
den Mund

So lass uns

im reden

miteinander

veredeln

graues Verwehn.

Mein Freund, der Musiker

(für Uli)

Der letzte Ton verklungen
die letzte Melodie klang aus
die Symphonie gelungen
der schönste Lohn – Applaus.

Ein Temperament wie Rock'n Roll
Leben im Stakkato Takt
Alles fordernd – Alles gebend
das letzte Lied – wie abgehackt.

Blues und Bach in einer Brust
als Paukenschlag die Stimme klang
das Ohr hört feinsten Ton mit Lust
du lebst Musik – ein Leben lang

Schweigend nun Blech und Klavier
der Dirigentenstab zerbrach.
Dein Arm gibt nicht mehr Takt und Tempo
Dein Lebenslied klingt in uns nach.

Mein Freund der Fotograf

(für Fabry)

An den Wänden unsrer Tage
verstaubt nun Zeit in Rahmen
Entfernung auf Unendlichkeit
Für jetzt bleibt mir nur Klage.

So scharf dein Blick durchs Objektiv
so klar dein Blick ins Leben
fängst du auch nie mehr den Moment
nun ist dir Ewigkeit gegeben.

Die Iris ruht nun grau erloschen
und schwarz bleibt nun die Blende
Mein Freund der Fotograf ist tot
Die Einstellung heißt: Ende!

Aus hunderten Motiven leuchtet
uns tiefenscharf dein Blick noch heut
Hab Dank für alle Farben deines Lebens
du schenktest den Momenten Zeit.

Von Wegen Totholz

(für Simona)

Wie die Haut des Elefanten
meine Finger sagen: Spür!
Runzlig warm
bemoost die Kanten
liegt der alte Stamm vor mir

Schwarz gefärbt von Wasserjahren
Baumpilzorden wachsen stolz
geritzte Zeichen alter Liebe
erzähl'n lebendige Geschichten
auf gesplittert totem Holz

Kriege Frieden kamen gingen
Same wurde Schattensegen
für Verliebte Zufluchtsort
Früchte für das Morgen hingen
so trafst du mich als ich dich fand
wartend nur am Weg gelegen

Von Wegen durch die Zeiten
erzählt der Äste Krumm
Von wegen totes Holz nur
ehrfürchtig lausch ich
stumm
Von Wegen und von Pfaden
fand ich dich
trug dich heim
Du alte Baumgeschichte
mach mir drauf
neuen Reim

Das ist der Gipfel

Zwanzigtausend
Totalvermummte und
ihre Vorgesetzten
werden uns vorgesetzt
als Verteidiger staatlicher
Macht und ungeteilter Gewalt

Sie beklagen zutiefst vehement
verurteilen mediengerecht
die Vermummung einiger hundert
linker Unruhestifter – Pack -
und verabscheuen deren Wut
auf die staatlich vermummte
ungeteilte Macht und Gewalt

Eruptiv und gewaltig
- gewalttätig auch -
brandet die Flut
der Abgehängten und Verkauften
die sich nicht beugen
der Moral
vermummter Staatsohnmacht

Besser noch
würde der Zorn
hinter Helmen und Tüchern
zur brandenden Flut
die vereint
die mitreißt
und wegspült
alle feixende Egomanie
vermummt hinter Phrasen
und grinsend für Bild

(entstanden nach der Berichterstattung zum G20 Gipfel in Hamburg 2017)

Geh aus mein Herz und suche Ruh

1. Geh aus mein Herz und suche Ruh;
halt dir nur beide Ohren zu
in Rüdersdorfs Gefilden.
Schau an die schöne Brücke hier
doch lausche bei geschloss'ner Tür
II: sie fahren wie die Wilden.:II

2. Die Bäume stehen voll im Saft,
da braust heran mit lauter Kraft
ein LKW mit Hänger.
Ich sag dir was, ich schrei dich an
gleich neben uns die Autobahn
II: und mir wird bang und bänger. :II

3. Die Lerche schwingt sich in die Luft
doch ihr Gesang im Krach verpufft.
Man sagt, es fehlt an Geldern.
Die hochbegabte Nachtigall
kommt nicht an gegen Fahrbahnschall
II: auf Hügeln, Tal und Feldern. :II

4. Die Eltern führ'n die Kinder aus,
bau'n lieber weiter weg ihr Haus
nicht an der Autoschneise.
Der schnelle Hirsch, das leichte Reh
schau'n angsterfüllt bis übern See,
II: sie mögen's lieber leise :II

5. Ich selber kann und mag nicht ruhn
des großen Gottes großes Tun
erweckt mir alle Sinnen.
Ich singe gegen Fahrbahnkrach
und lasse all mein Weh und Ach
II: aus meinem Herzen rinnen :II

6. Welch hohe Lust, welch heller Schein
wird wohl in Christi Garten sein!
Wie muß es da wohl klingen,
da so viel tausend Seraphim
ganz autofrei mit Mund und Stimm
II: ihr Halleluja singen? :II

7. Hilf uns und segne den Protest
mit Segen, der uns nicht verlässt
lass unsren Mut erblühen.
Gib, dass die Ruhe kehrt zurück
Land und Regierung Stück für Stück
II: die Konsequenzen ziehen. :II

8. Mach in mir deinem Geiste Raum,
dass ich werd wie ein guter Baum
und lass mich feste stehen.
Hilf uns heut und in Zukunft mehr
beim Kampf um Stille bitte sehr,
II: dass wir Erfolge sehen :II

(Protestandacht gegen Autobahnlärm 2015
nach der Melodie von Paul Gerhardt „Geh aus mein Herz")

Wortgetobe

Es toben die Worte
zwischen den Ohren
den ungleichen Kampf
mit dem Stift
in der Hand

Was hüpfend und sprudelnd
und blitzend begann
das soll sich nun ordnen
Strich für Strich
zu Papier

Ach könnte ich doch
einen Hahn mir öffnen
und überschäumend
fließen lassen
was tobt

Das gäbe ein Fest
der Gedanken
und Worte
die purzelnd
und singend und dichtend
verströmten

und zum Schluss wäre da

Ruhe

**Ich bleibe gespannt,
welche Gedanken mir das Leben noch so entwirft.**